Dulce libertad

por Jeri Cipriano
ilustrado por Den Schofield
y Judith Hunt

Scott Foresman
is an imprint of

Glenview, Illinois • Boston, Massachusetts • Chandler, Arizona
Upper Saddle River, New Jersey

Illustrations by Den Schofield and Judith Hunt.

Photographs
Every effort has been made to secure permission and provide appropriate credit for photographic material. The publisher deeply regrets any omission and pledges to correct errors called to its attention in subsequent editions.

Unless otherwise acknowledged, all photographs are the property of Pearson.

9 Bettman/Corbis; **18** Library of Congress.

ISBN 13: 978-0-328-53588-0
ISBN 10:   0-328-53588-5

La historia de la esclavitud en los Estados Unidos es trágica. Se presentan aquí dos historias verdaderas de valentía y determinación. Son historias de esclavos cuyo deseo de libertad era tan grande que no permitieron que nada se atravesara en su camino.

Ellen y William Craft: Escape hacia la libertad

Ellen y William Craft se conocieron en Georgia, cuando Ellen fue "dada" como un regalo a la familia propietaria de William. En 1846, se casaron. Aunque sus vidas como esclavos no fueron tan difíciles como las de otros, la pareja no podía soportar la idea de no ser libre. Por tal motivo, dos años más tarde, comenzaron a trabajar en un plan para escapar de la esclavitud. El plan era extremadamente arriesgado, pero quedaría en la historia como un escape sorprendente.

William y Ellen Craft

El valiente plan de Ellen Craft involucraba muchas capas de mentiras y disimulos. Juntos, ella y su esposo harían todo el recorrido desde Georgia hasta la libertad en el Norte. Era una distancia larga, y muchas cosas podían salir mal en el camino. Además, viajarían en trenes, transbordadores y barcos, donde todos los verían. Era bastante difícil huir de la esclavitud durante la noche, pero impensable hacerlo durante el día cuando las personas te podían ver. ¿Cómo lo lograrían?

Ellen era una afroamericana de piel clara. De hecho, tenía la piel tan clara, que con frecuencia la confundían con los dueños. El plan consistía en que ella pretendería ser blanca y William pretendería ser su sirviente esclavo. Sin embargo, no se consideraba apropiado que una mujer blanca viajara con un sirviente, hombre, negro. Por tanto, ¡pretendió ser un hombre! ¡Era una impostora!

Ellen se cortó el cabello y practicó con unos pantalones, un abrigo y un sombrero de copa. Se cubrió la mandíbula con vendajes para que nadie pudiera ver que no tenía barba.

Sin embargo, había un problema. Se suponía que un hombre blanco supiera leer y escribir, pero Ellen no sabía. Por tanto, puso su brazo en un cabestrillo. Si le pedían firmar algo, sólo señalaría su brazo vendado. Esos vendajes también la ayudaron a explicar la razón de su viaje hacia el Norte. Las personas simplemente pensaban que, con la ayuda de su sirviente, un hombre blanco y enfermo, viajaba hacia el Norte a ver a un doctor.

Los dos estaban preparados para viajar, pero aun así era muy peligroso.

Los Craft viajaron durante ocho días y noches. A lo largo del camino, por poco los descubren.

En el tren a Savannah, Georgia, Ellen se sentó junto a un hombre que la conocía de toda su vida.

"Es una hermosa mañana, ¿verdad, señor?" le preguntó el hombre.

Primero, Ellen pensó que era mejor no responder, con la esperanza de que el hombre pensara que era sorda.

Finalmente, dio una respuesta corta y en voz baja. El hombre nunca sospechó nada.

En Baltimore, Maryland, un oficial del ferrocarril detuvo a William y comenzó a hacerle preguntas. Le dijeron a Ellen que necesitaba permiso para viajar con un esclavo. Ella pretendió enfurecerse.

"¡Compré boletos para viajar hasta Filadelfia!" le gritó Ellen al oficial. "¡No tiene derecho a detenernos!"

Justo entonces, se escuchó el silbido del tren. El tren partiría pronto. Finalmente, les permitieron abordar el tren.

Hasta ese momento nadie había descubierto la verdad acerca de los Craft. El día de Navidad, en 1848, llegaron a Filadelfia, Pensilvania, sanos y salvos. ¡Parecía imposible, pero era cierto! Aunque su viaje duró poco más de una semana, habían esperado toda su vida el momento en el que finalmente pudieran decir que eran libres.

Filadelfia era el hogar de muchos abolicionistas que luchaban por acabar con la esclavitud. William Lloyd Garrison, un **pilar** de la comunidad, trabajaba con muchos otros blancos para acabar con la esclavitud. Durante la lucha por una nación libre, aceptaban la ayuda de cualquiera que creyera en su causa.

Después de escuchar la historia de los Craft, los abolicionistas le pidieron a la pareja que se uniera a su esfuerzo por abolir la esclavitud. Este sería el inicio de otra larga jornada para los Craft.

Los Craft se mudaron a Boston, Massachusetts. Después, viajaron por el país, felices de contar su historia y ayudar al movimiento contra la esclavitud. En 1850, se aprobó el Acta de Esclavos Fugitivos, y la libertad de los Craft se encontró en peligro nuevamente.

El Acta de Esclavos Fugitivos era una ley que establecía que cualquier esclavo que se hubiera escapado tenía que regresar con su dueño. Incluso un esclavo que ahora fuera libre en el Norte podía ser capturado y regresado a la esclavitud en el Sur. Los cazadores de esclavos conocían la famosa historia de la fuga de los Craft y comenzaron a buscarlos.

Cuando un par de cazadores a sueldo llegó a Boston, muchas personas ayudaron a los Craft a ocultarse hasta que los hombres se rindieron. Ese susto les indicó que era momento de cambiar.

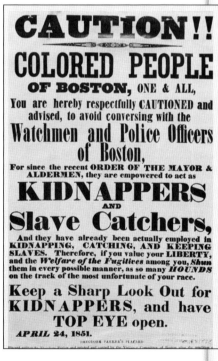

En este póster se les advierte sobre el Acta de Esclavos Fugitivos de 1850 a los afroamericanos en Boston.

Los Craft se fugaron a Inglaterra ese año. Continuaron su trabajo para abolir la esclavitud. Durante ese tiempo tuvieron cinco hijos. Durante su **morada** en altamar, asistieron a la escuela y, eventualmente, se hicieron maestros. También siguieron transmitiendo su mensaje en contra de la esclavitud en América.

Dieron conferencias en Inglaterra y Escocia y, en junio de 1851, hicieron una demostración en la Gran Exhibición de Londres. Marcharon, brazo a brazo, por la sección estadounidense de la exhibición.

Después de la Guerra Civil, en 1868, los Craft regresaron a los Estados Unidos. Se establecieron en Savannah, Georgia. Allí cultivaron algodón y arroz. También intentaron abrir una escuela para educar a los que habían sido esclavos. Sin embargo, a causa de las deudas y el enojo de los vecinos blancos, abandonaron la idea.

Ellen Craft murió en 1891 a los 75 años. William Craft se mudó a Charleston, Carolina del Sur. Su libro, escrito en Inglaterra, se publicó finalmente en los Estados Unidos. Estaba **satisfecho**. *Mil millas hacia la libertad* logró **honrar** la valentía y resistencia de los esclavos afroamericanos decididos a ser libres.

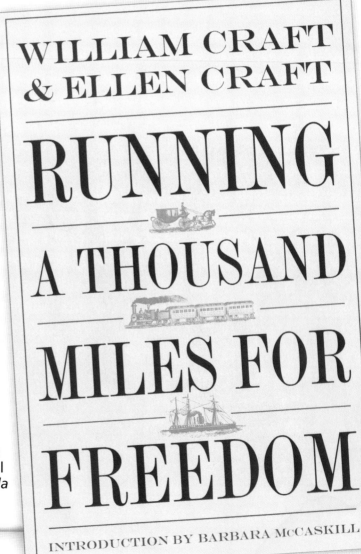

Libro de William Craft, en español *Mil millas hacia la libertad.*

Henry "La Caja" Brown

Henry "La Caja" Brown: Enviado a la libertad

Henry Brown nació en Virginia en 1816. Su familia y él eran esclavos, y vivieron juntos hasta que cumplió 15 años. En ese momento, Henry fue enviado a trabajar a una fábrica de tabaco del hijo de su dueño. Sus hermanos también fueron enviados a otros plantíos.

En 1836, a los 20 años, Brown se casó con Nancy. Nancy tenía otro dueño. Brown y Nancy tuvieron tres niños, a quienes amaron profundamente. Brown trabajaba tiempo extra en la fábrica de tabaco para poder alquilar una casa pequeña para su familia.

En agosto de 1848, el dueño de Nancy la vendió, junto con sus tres niños, a otro dueño en Carolina del Norte. Brown se quedó muy triste. Nunca le había gustado vivir en esclavitud y la pérdida de su esposa y niños fue demasiado para él. Ideó un plan para escapar de la esclavitud para siempre.

En 1849, cuando Brown tenía 33 años, consiguió su libertad. Para escaparse captó la atención de las personas alrededor del mundo. Fue una hazaña increíble y sorprendente.

Brown convenció a James Smith, un hombre negro liberado, y a Samuel Smith, un zapatero blanco, para que lo ayudaran. Le tomaron las medidas y Brown mandó a hacer una caja especial. El 23 de marzo de 1849, llegó.

Con la guía de sus amigos, Brown se metió en la caja. La caja tenía sólo tres pies y una pulgada de largo, dos pies de ancho y dos pies y seis pulgadas de alto. Brown se acuclilló en el interior mientras perforaban tres pequeños orificios al lado contrario de su rostro para recibir aire. Le dieron unos cuantos panecillos y una vejiga de vaca llena de agua. Después, martillaron la tapa de la caja. La caja viajaría en tren y barco desde Virginia hasta Pensilvania. ¡El plan de Brown era enviarse a sí mismo por correo desde el Sur hasta el Norte!

La caja de Brown fue arrojada al vagón de equipaje del tren. Muchas cajas de todas formas y tamaños lo rodeaban. El tren viajó sobre ríos y **acueductos** y cruzó granjas de tierra **fértil** y bosques.

Después del viaje en tren, la caja fue transferida a un barco de vapor. Aunque no podía ver, Brown sufría los efectos de la **naturaleza**, temblaba con los vientos fríos y sudaba con las brisas térmicas. Su viaje de 350 millas duró 27 horas.

Mientras esta entrega especial llegaba al Norte, James Smith fue a la Oficina de Filadelfia Contra la Esclavitud. Les dijo que les llegaría una caja en cierta fecha y que debían abrirla inmediatamente. No tenían idea de cuán importante era esa entrega.

La caja tuvo un viaje al Norte muy brusco.
Algunas veces la caja iba con el lado correcto
hacia arriba y algunas veces iba virada,
aunque estaba claramente marcada "este
lado hacia arriba". Dentro de la caja, Brown
sentía calor y tenía los ojos irritados. Sentía
que las venas de la cabeza se le reventarían
cuando se encontraba de cabeza en la caja.
Temía quejarse, toser o estornudar. Si lo
capturaban, lo regresarían con su dueño en
Virginia. Entonces, probablemente su vida
sería peor de lo que había sido antes de
intentar escapar.

Finalmente, el 24 de marzo, la caja llegó a Filadelfia a la Sociedad de Pensilvania Contra la Esclavitud. Las personas le sacaron los clavos a la caja. Lentamente, Brown se enderezó. Parecía imposible, pero había llegado sano y salvo. Respiró el aire fresco y agradeció a aquellos a su alrededor. Sintió por vez primera el sabor de la libertad en la seguridad del Norte. Estaba agradecido de su libertad y nunca olvidaría el peligroso viaje que hizo para obtenerla.

Henry Brown saliendo de la caja.

Brown con su segunda esposa e hija

Como un hombre liberado, Brown viajó a través de muchos estados del Norte. Contó su historia en Nueva York, Connecticut, Rhode Island, Massachusetts, Vermont, Maine y New Hampshire. Esperaba que más personas se opusieran a la esclavitud.

Sin embargo, después de que se presentó el Acta de Esclavos Fugitivos, Brown se fue a Inglaterra. Como los Craft, recorrió el país contando su historia. Mientras vivió en Inglaterra, Brown volvió a casarse y tuvo otro hijo. Regresó a los Estados Unidos durante 1870, con su segunda esposa y su hija Annie. No se sabe cuándo ni dónde murió.

Tanto los Craft como los Brown tuvieron un gran valor y determinación. Sus historias continúan recordándonos lo que significa la libertad para todas las personas.

Glosario

acueductos *sust.* Grandes estructuras de piedra que transportan agua por largas distancias.

fértil *adj.* Que da mucho fruto.

honrar *sust.* Gloria; fama; reconocimiento especial.

morada *sust.* Lugar donde se pasa un tiempo.

naturaleza *sust.* Realidad física que existe independiente del hombre.

pilar *sust.* Columna que se sostiene sola o sostiene o algo.

satisfecho *adj.* Contento; feliz con lo que se tiene.

Reacción del lector

1. Escribe una afirmación general sobre Ellen y William Craft y una sobre Henry Brown. Luego, escribe una oración general acerca de los tres. Copia el diagrama de abajo y úsalo para escribir tus respuestas.

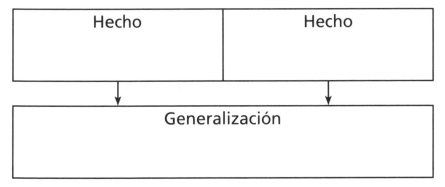

2. Después de leer este libro, ¿qué puedes inferir acerca de la vida en los Estados Unidos a principios de 1800?

3. Busca las siguientes palabras de vocabulario en el libro: *satisfecho* y *honrar*. ¿Cómo te ayudan las oraciones en las que aparecen estas palabras a entender su significado? Usa cada palabra en una oración.

4. ¿Cuál de las dos historias de la vida real fue tu favorita? ¿Por qué?

Género	Comprensión: Destrezas y estrategia
Ficción realista	• **Generalizar** • **Argumento y tema** • **Inferir**

Pearson Scott Foresman Calle de la Lectura 3.6.5

Scott Foresman
is an imprint of

ISBN-13: 978-0-328-5358
ISBN-10: 0-328-53588-5

9 780328 535880

90000 >

El efecto
mariposa

por Mara Mahía

Vocabulario

clima

ecosistemas

fauna

litoral

manglar

nutrientes

ovíparos

silvestres

Número de palabras: 1,240

Nota: El número total de palabras incluye solamente las palabras en el texto del cuento y sus encabezados. Los numerales, títulos de capítulos, leyendas, rótulos, diagramas, cuadros, gráficas, recuadros y otros elementos no se incluyen.